Manos frías

ZETAZEN

Manos frías

mr

Ediciones Martínez Roca, sello editorial de Editorial Planeta, S. A.
Avda. Diagonal, 662-664, 08034 Barcelona (España)
www.mrediciones.es
www.planetadelibros.com

Primera edición: febrero de 2024
Segunda edición: marzo de 2024
Depósito legal: B. 2024-493
ISBN: 978-84-270-5223-9
Preimpresión: Safekat, S. L.
Impresión y encuadernación: Huertas, S. A.
Printed in Spain - Impreso en España

PEFC Certificado
Este libro procede de bosques gestionados de forma sostenible
PEFC
PEFC/14-38-00305
www.pefc.es

«Grabé para ser escuchado,
mas nunca escribí para ser leído».

A mi madre, Susana.
Por enseñarme el significado real del amor.

TRES ACTOS

1____ESCARCHA 14

2____BRUMA 64

3____DESHIELO 104

Estas manos frías son un medio. Un canal.
Información que cae en vertical.

Yo la sostengo.

1

ESCARCHA

ATADO A

Vivo atado a la melancolía.
Al color de su apostura cuando se hace música.

(La mayoría de veces me alejo,
pero siento siempre
cuando me roza la cuerda).

Atado a la belleza que encuentro
en cada uno de los espacios
que anidan en la palabra
d e s o r d e n.

Atado a la belleza de la imperfección
que me genera la frustración
por cada una de las veces
que no encuentro la perfección en algo.

Atado a la sensación que siento justo cuando
estoy escribiendo esto.

Ese momento en el que, manteniendo la tensión,
de pronto todos los encajes coinciden,
y sale de golpe entero.

Como cuarenta niños huyendo de una celda.
O como un orgasmo.

Atado a estas extremidades
que instintivamente me obligan a nadar
a contracorriente.

A las caras que ponéis cuando me cruzo sin saludar,
y no sabéis si por altivo
o porque llevamos viéndonos toda la vida.

Atado a la presión en las alturas.
A la soledad de la cúspide.

Atado a la libertad
que forma este conjunto de nudos
que alguna vez se unieron voluntariamente.

No, la libertad no es eso.
O tal vez sí.

BREATHE

Cuántas puertas tengo que cerrar
para abrir una ventana,
asomarme, y
respirar
?

Hoy pensé en el abismo que causo
entre lo que te dejo ver
y lo que realmente siento.

Un abismo lo suficientemente grande
como para distorsionar la manera en que
creo que me miras.

(vacío)

Asumí que
no vas a saberlo nunca,
y tampoco me preocupa.

No hay tristeza en el vacío
si el vacío es real.
Si es vacío lo que ocupa.

Seguir pensándote es mirar al sol con lupa.
Y asfixiar la respuesta
con más preguntas.

100

Cien sentimientos intentando entrar.
Al final no siento ninguno.

VIDA Y CUADERNO

Cuando mi vida está llena, el cuaderno, vacío.
Y viceversa.

Trato de escribir. De llenarlo. Es la necesidad de sentirme vivo, de saber que está latiendo, que mira y sigue tentando. Aunque, si no hay nada que escribir, es mejor guardar silencio.

Presión, opresión y vacío, mis tres inestables amigos.
En noches como esta tenemos que llevarnos bien,
por cojones.

Mejor cerrar la boca. He aprendido eso.

COBARDE

Pagué tu indiferencia con las siguientes cien,
hoy toco en tu ciudad, no quieren ver a Rubén,
me está latiendo…

(No saben verlo).

Pagué tu indiferencia con las siguientes cien,
pero esta noche en tu ciudad está Zetazen,
no vas a verlo…

(Toda tu gente sí
y tú no).

Al alba o al ocaso, éxito o fracaso,
llego al aeropuerto sin maleta y con retraso,
me lo bebo esté medio lleno o vacío el vaso,
a cara o cruz.

Dime tú.

Creo recordar que ya pasé por aquí,
todas las ciudades me recuerdan a ti.
Estoy haciendo nuevos recuerdos
para matar el dolor.

Pagué tu indiferencia con las cien siguientes.
Cuando salir corriendo es de valientes.

Tomando decisiones en caliente,
tan libre como entero,
como siempre.

Y si salir corriendo es de valientes,
yo soy un cobarde.

SALDO CERO

Las palabras que no dije, el mensaje que no envié.

HORA DE CIERRE

Cuando apagas las luces lo ves,
cuando el mundo calla lo oyes.
Estás más solo que nunca, ¿no crees?

Es la hora del cierre y en las calles hace frío.
Me estoy calando entero
y no le importa a nadie.

La vida es guion y *attrezzo*,
¿escuchas la lluvia que golpea en la persiana
por dentro?

Me sobran palabras para explicarlo,
si mis dos ojos son lunas ardiendo.

Y si no sale el sol, nos quedamos.
Calienta mi mano.
Veinte años frío como el hielo.
Apuñálame el pecho, no sangro.

¿Acaso hay alguien que sepa convivir con esto?
Mi amor eterno.

~

A qué sabe la meta
si no amaste el camino.

MISMO LENGUAJE

Cada uno a su ritmo en su camino,
no sé lo que dicen, sé lo que me digo.
Me da igual lo que hay ahí fuera, aunque a veces miro.
El mundo está enfermo, me quedo conmigo.

Tú llorando un río, te navego el Nilo,
te puedo llevar lejos de aquí, si quieres, dilo.
De cabeza fría y temperamento tranquilo,
del dolor al terciopelo, lo destilo.

Separé los dedos y te vi caer,
agua santa, un palo santo, el sol del amanecer,
tiro un beso y corto el cable si no sale bien,
dejándolo estar, dejándome ser.

Miro al cielo y reconozco mi linaje,
de cada persona un aprendizaje,
mil asuntos, no me iré hasta que los zanje.
(...)
Otra vez estoy de viaje.

A UN DESCONOCIDO

Hablándole de mi alma a un desconocido
que no entiende lo que digo.

Como liberando un universo
hasta dejarlo
totalmente
vacío.

1:07 AM

Esta avenida me ha enseñado a sumergirme,
por eso de gritar sin escucharme.
Lo estuve pensando, voy a darme una década
para solucionarlo, o encontrarme.

No hay guerra de puertas para dentro,
solo extranjeros discutiendo en diferentes idiomas.
Claro que he pensado en volver,
pero de tanto borrar y joder, se rompió la goma.

Sigue la persiana echada,
el agua de las flores de mi pecho sin echar,
todas marchitadas.
Tengo la cabeza en quiebra, degradada,
el saxo de Chet Baker cubriendo mis deudas pasadas.

Duermo las horas contadas,
de malas maneras todas,
café con ruina todas las mañanas.

Un infierno en mi cabeza, quizá,
sellado por delante y por detrás,

vida marcada.

Echo de menos la luna, y a alguna persona.

PELLIZCARME

Me pillaste pellizcándome el corazón,
imagino que ahora vienen las explicaciones.

Ya sé que no puedo enamorarme de nadie
mirando a las grietas
y no a los ojos
de las personas.

(Aun mirando las grietas en los ojos de las personas).

Cuando imagino la pretensión,
en todas sus formas,
tras una frase tuya.

A veces mis palabras te miran de espaldas,
como queriendo no decir nada.

Parece que siempre tenga que haber algo
detrás de todo lo que digo.

Algunas veces solo estoy yo.

Y ya asumí que
no sé quedarme en nadie.

Salto de una persona a otra,
miro al reloj,
veo venir el vacío de después,
y a la decepción sin previa expectativa,
y a la expectativa sin previa decepción.

Y aun así me queda tiempo para
pellizcarme
el corazón.

(Si algo no me da buenas vibraciones,
corto y cambio).

DE VIAJE .TXT

He cambiado el «estoy huyendo» por un «estoy de viaje».
Siempre estoy de viaje.

Y ellos son lo suficientemente fugaces
como para no importarme
que lo llamen
«huir».

Porque a mí viajar me trae nuevas sensaciones
que, matando a las anteriores,
saludan abriéndose paso.

Personas que son destino
envejecen sabiendo que pronto serán origen.

Siempre estoy de viaje.

Permanecer quieto me quema en los talones
a una temperatura suficiente como para saber que
no estoy a salvo.

Yo, que mi única religión es el instinto.
Algunas veces vuelo,
otras, nado a contracorriente,
y el resto de las veces estoy corriendo.

Tal y como todos me recuerdan por última vez,
porque siempre estoy de viaje.

Y la mayoría de los días sé que nací para esto.
Desde que supe que el antónimo de la felicidad
no es el dolor
y que en el equipaje me caben algunas cosas.

No dejaré de viajar
hasta aprender de memoria que
solo me permito morirme si me aparto yo.

Por eso ~~estoy de viaje~~ huyo.

OTRA VEZ ESTOY DE VIAJE .MP3

Otra vez estoy de viaje,
aunque ellos lo llamen huir,
otra vez estoy de viaje,
creo que suena mejor así.

Una rosa y un puñal en el equipaje,
nadie por aquí que hable mi lenguaje,
ya ni en veinte vidas voy a encontrarte,
aunque lo fuerce, no funciona así.

Está mirándome a mí, y no a donde miro yo,
soy el silencio en el *back* al acabar la función,
la cegada del *flash*, la primera de ron,
roto bonito y *flex* el alma, como el pantalón.

Están amándome,
corriendo, pero ¿a dónde?
Ya me aprendí a los dieciséis las lecciones de lealtad,
no gasto un segundo en recordártelas.

Mi tiempo es caro,
mi tiempo es tan caro.
Yo voy con los buenos y los malos,
tablero y dos dados,
siempre pierdo, siempre gano.

Sé que están mirándome a mí, y no a donde miro yo,
yo te quiero quitar la ropa y no la razón.

Gris cemento por mar, luna llena por sol,
no quiero arena por cal, ni esperas en tu decisión.

Me tengo entero, prendido, sabiendo bien lo que digo
y por qué motivo estoy parado justo aquí.
Pero es este veneno lo que me hace verme vivo
y por el que cualquier medio justifica el fin.

Suena tan insano
todo lo que hago.

Sé que voy a estar ahí, pero dime si tú vas a estar.
Solo sé que estaré ahí,
no te guardaré rencor jamás.

Solo me estoy revolviendo en tu falso orden,
no te mueves mal, bailando en el borde,
solo el tiempo hace que mi precio engorde,
paga lo que corresponde.

Otra vez estoy de viaje.

LA LÍNEA FINA

La línea fina
entre dejar marca y hacer herida.

PRESOS DEL ÉXITO

Estuve largo tiempo llevándole a mis mejores lugares,
comprándole regalos, vendiéndole el cielo.

Es el porcentaje que me pertenece
y al que pertenezco.

Mi cincuenta, ya le conoces.

Me encontré conmigo en la avenida del dolor.
Presos del éxito infelices por allí,
malparidos desbocados.

En la esquina en la que se unen el miedo,
el fracaso y el cansancio.

Allí estábamos.

DÉFICIT

Es como olvidar todo lo aprendido,
apuntar al mundo con su dedo.

Aroma a amor sudado,
rendido en otra cama, consumido,
sabiendo que este tampoco es mi nido.

Hoy nada suena a lo que pido.

Amanece y nada escrito,
nada roto, inexplorado camino,
me quito.

Bebo y me aparto,
no escucho mi voz cuando grito,
cuando me agrieto,
mi voz es el dolor y punto.

Joderlo lento, mis líneas guardan mi secreto,
mi laberinto. Lo vuestro es guion de teatro.

Sigo en el centro, igual todo en el mismo sitio,
ojos de vidrio, la paz al fondo del exilio.

No hay buen presagio, el riesgo dispara tu precio,
juego atascado, de nuevo en casilla de inicio.

Prender despacio, salir corriendo.

Soy una cifra más,
qué esperabas.

«IN MA CHEST»

¿Y a mí quién me desinfecta la memoria?
Va a conseguir cavar mi tumba con mis propias uñas.

No hay fin que soporte mis medios,
no vi en palabras el adiós, pero iba en serio,
desde entonces sé muy bien quién soy.

Abriendo heridas y cerrando bares,
la de romper los ases e improvisar el regreso
ya te la sabes.

Mal no sé, pero al revés sí,
mas media vida es mucho tiempo
para esperar medio infeliz.

El pasado no perdona, he de cumplir condena,
para el siguiente truco necesito ron
y silencio en la sala.

Semi Suite si llueve, luces tenues y lonas,
a la nostalgia no le gusta bailar sola.

⟷

Dar amor
dando espacio.

VÉRTIGO

Un dolor dulce. Como el de un madrugón voluntario. Disfruto las vistas hacia la cornisa infinita. Mirar hacia atrás siempre fue mirar hacia arriba. No sé cuándo va a terminar esto. Me aterra. Como saber que hay recuerdos en coma que no van a despertar nunca. Como dejarle un libro a alguien y dejar de hablarse. Una abertura involuntaria. Un portazo abrupto. Las palabras se me caen. Y trato de no preguntar mucho de dónde vienen cuando llegan. Un sábado insulso. Una aleatoria calle de Zaragoza y un túnel espacio-tiempo. Nunca me gustó perder mi tiempo. Nunca les gustó que pidiera espacio. Tampoco entendí jamás pedir algo que es mío. Los años me dan muchas cosas. Los años me quitan otras tantas. Como el miedo a la cornisa. Que no a caer. Llevo muchos años cayendo. Si miro mucho rato al ayer, caigo hacia arriba. Creo que lo estoy haciendo. Estoy cayendo hacia arriba. Bueno. En realidad, no lo sé. Tal vez solo esté cayendo. Sí. Estoy cayendo. Eso seguro.

Lo demás lo vamos viendo.

VUELVO A LA CALLE

Si tú te vas, vuelvo a la calle.

A todo lo de ayer,
a la vida en el borde,
a tensar el cordel,
a manchar de dolor mi pincel.

DORMIR

Los fantasmas me persiguen
como quien persigue un sueño
del que no consigue despertarse.

3:43 en el reloj,
hay jaleo en mi cabeza.
Profecía autocumplida, cierro los ojos, mi cabeza respira.

Duermo las horas contadas, de malas maneras todas.
A la nostalgia no le gusta bailar sola
ni la historia va a ser escrita por los cobardes.

«Tomarse la vida como quien
se toma un descanso».

(Y eso que no todo el mundo duerme con quien sueña).

LOS BUENOS Y LOS MALOS

Yo voy con los buenos y los malos.

Ya no necesito andar sabiendo
quién es de cada bando.
Total,
voy a ganar y a perderlo todo
de todas maneras.

No me fío de nadie,
contigo tampoco es personal.

No veo el veneno en el interés,
sí en la mentira que lo sustenta.

Me gusta el decorado de verdad,
también el de mentira, y
no me gusta que me engañen.

Así que consumo mi tiempo aquí,
contemplando esa bella
intención tuya
de intentarlo conmigo.
La indiferencia es un arte.
Desconfiar con educación,
también.

Esquivar serpientes, un deporte.
Fingir que me gusta este juego
de mentira,
también.
Cuanto más grande me veo,
mayor es esta sombra que muerde mis talones.
Un laberinto inmenso.

Una condena proporcional
que estoy dispuesto a pagar,
porque yo soy los buenos y los malos.

Ya iba a perder y a ganar
de todas maneras.

DEL VERBO OLVIDAR

Olvidar sería como echar un bote de pintura blanca
sobre todo ese pasado intervalo de tiempo,
sobre ceniza.

Y esta pena se volvería abrumadoramente mayor
y en mi contra.

No, no es buena idea.

CASI TODAS LAS COSAS IMPORTANTES

Lo único que importa
es lo único que permanece.
El día que aprendí eso, solté sesenta y seis kilos
de angustia.

Una lección que me hizo entender
que el tiempo está de mi lado
y que la muerte,
también.

Que no tengo que huir
si el problema está en mí,
y que no tengo que correr
si mi hogar está en todas partes.

Que el respeto que van a tenerme
es el que realmente me tengo.
Y que el espacio que merezco
es del que aquí dentro dispongo.

Que demandar amor
es confesar que escasea,
y que basta dejar de convencerte
para que me creas.

(...)
Cada una de las veces que lo hice,
me dejé ser yo.

Y por ahí empiezan casi todas las cosas importantes.

TRAS LA PUERTA

Algunas noches me escondo detrás de la puerta y
espero a que salga. A veces se me escapa, a veces tarda. A veces espero unos minutos, y otras se me echa el amanecer encima. Sé que es un don.

Yo no sé quién es y él no sabe que estoy.

A las siete de la mañana del lunes más gris de toda la gama de colores hay alguien esperándome tras la puerta.

Yo no sé que está, y él no sabe quién soy, pero está ahí. Lo hace sonar. Yo eso no lo sé, pero es suficiente para avivar la llama. Lo justo para no apagarse.

¿Y ella? Ella ha dejado de creer en todo esto,
pero ese es el menor de mis males.

NUNCA ES EL MOMENTO CONMIGO

Apagas la luz, y
de repente todo es inmenso.
Un universo que se expande,
vértigo, quietud,
cuatro paredes
y agorafobia.

Todo lo que pase aquí terminará en
una vuelta a la realidad,
en la vuelta del sonido, la respiración,
en una canción comercial.

Nuestro recuerdo congelado en una canica.
Como algo que piensas que sucedió
porque te lo contaron.

Un sueño mal recordado.
Complicidad para uno:
otra vez yo.

Dicen que solo hay una vida,
y tú y yo es la segunda vez que nos cruzamos.

Segunda vez que
(desde que decidisteis que empezara el día)
me levanto desafinado entero
en luna llena.

Ya sabes cómo termina.

Moribundo abrazado a la sed,
y el espejo de tu cuarto de testigo,
repitiendo otra vez:
«nunca es el momento conmigo».

CRISÁLIDA

La noche vomitando en mis zapatos.

Ya no queda tiempo para un rato,
de un trago lo acato.

No cae suerte de cara para este chulapo,
no hay terciopelo cuando cruje el plato.

Ni truco
ni trato.

DEJAR SALIR ANTES DE ENTRAR

Me siento menos triste
cuando salen por esa puerta
que cuando entran.

Hablo —de «ellos»— como si fueran un cúmulo de gente. Que lo son. Gente pasada, de tiempo y madurez. Como problemas abandonados, o resueltos;

fantasmas, al fin y al cabo.

Hay menos fans que fantasmas en mis sábanas, y menos faldas que remordimientos en mi cabeza. Pero no importa, porque me siento menos triste cuando salen por esa puerta. Lo sé desde que descubrí que el único diamante que encaja en mi pecho está en algún lugar dentro de mí.

Así que, mientras tanto,
pueden seguir entrando y saliendo.

Es maravilloso.

QUIETO

Todo el mundo tiene un plan,
unos vienen y otros van
y yo permanezco quieto.

No se está tan mal aquí,
si me diste una señal,
dime cómo la interpreto.

Algo se siente cuando no se siente nada
viendo cómo el templo cae
conmigo dentro.

No sé dejar de estar quieto.

SOLO ASÍ

Necesito la noche
para soportar el sol.

Solo así
sé salir
(~~despierto~~).

Y el compromiso, las risas,
la prisa, el inciso,
el estar, pero siendo,
la carrera de fondo.

El martillo en el pecho,
el cielo en los hombros,
y los ojos de todo el
puto
mundo
mirando.

Solo así
sé salir
(~~corriendo~~).

El cosquilleo en el pecho,
mi sombra al acecho,
la cara y los brazos
en el vaho del techo.

La línea precisa
entre formar parte de todo y cargar con todo.

Dejar de pensar también es vacaciones.

Solo así
sé salir
(~~entero~~).

«Escribir pensando que nadie va a leerme».

2

BRUMA

NADIE POR AQUÍ

Nadie por aquí que hable mi idioma,
pero a ti el silencio te incomoda.

Cuando entiendas una, vas a entender todas.

ACEPTAR EL CAOS

Observa la manera en que
toda esa energía depositada en dirección
a tu último fin, a tu lugar,
al milagro,

se contrapone al caos que emerge alrededor,
en tu visión periférica, huérfana de atención,
abandonada a ojos de nadie,
al letargo.

No celebro el desgobierno, pues no es noticia de hoy.
Celebro firmar la paz, la quietud,
y, sin embargo,

a pesar de que el caos siempre estuvo ahí,
tal vez hoy,
supe aceptarlo.

COMO HACIENDO QUE MEREZCA

Y ahora que reniego de todo lo que escribí por ti,
voy a enseñarle al mundo lo que una vez
punzó
tan fuerte en mí
como un puñal
oxidado como un alambre.
Voy a dejarlo caer al mar
sin salpicarme.

Y con esa frivolidad
voy a comercializar toda esa música,
todas esas líneas,
mi sangre.

Y voy a canjear hasta el último euro,
como desprendiéndome de ello,
como haciendo que merezca el sacrificio.
Como de una vez por todas
cerrando la herida.
No es tarde.

→

Nunca olvides el motivo por el que empezaste.

BUSCASTE UNA SEÑAL

Buscaste una señal, aquí la tienes,
mi tiempo es oro, lo demás, nieve,
no siempre se tiene lo que se quiere.

Aprendí que la confianza es para el que se atreve
y que no se toca donde te han dicho que duele.

¿Dónde está? El que se hacía llamar *bro*,
sin ganancia a cambio, desapareció.

Mis condolencias a todo aquel que me perdió,
perdóname x ser yo.

LYING

Cuando hay algo que decir,
el silencio es una mentira.

MIRO ATRÁS

Miro atrás y solo me arrepiento
de las cosas que sentí y no dije.

Las buenas y las malas, de mejor o peor manera.

No haberlas comunicado ayer
es llevarlas hoy conmigo.

ENVEJECIENDO

Me quedé contemplando
cómo el tiempo se lleva lo viejo
y arrastra lo nuevo.

Como muriendo en la orilla
o naciendo
del duelo.

Espero que algún día esta idea
de que envejecer es dejar de regar emociones
se convierta en un error de lo viejo.

Hay más gente marchándose
que viniendo a quedarse.

Supongo que así se siente el estar
envejeciendo.

No me produce ninguna sensación verlo.

IRÓNICO

Ahondar en mi yo más interno para después coger lo que me voy encontrando y representarlo en una figura pública es de las cosas más irónicas que he aprendido a sobrellevar.

Y está bonito así.

SUMERGIRME

«Love for sale».

Estoy hablando con mis manos,
voy a parar el mundo en lo que cuente seis,
la vida por el desagüe, ¿en qué piensas
cuando el tren pasa a veinte centímetros de ti?

Yo solo quería que me escuchara ella y ya,
lo he hecho todo al revés.

Hoy ya me da igual ser anónimo o estrella,
no me gusta tu carita tan seria,
llegar, dar que hablar, dejar huella.

Y las mayores heridas en tu cama,
no sé darte nada más.

Esta noche eres mi dama, mi drama,
tan bonita y sencilla para esta cabecita tan complicada.
Puedo llevarte a la luna
y reservar mesa para dos,
hablar de los
planes de futuro que has pensado,
reírnos de los de al lado.

Chico de mente abierta y roto corazón cerrado,
te juro que lo he intentado.

Mira mis ojos, ¿sabes por qué sangro?
Deja de curarme y dime, ¿sabes por qué sangro?

Deja de mirarme, yo tampoco sé explicarlo,
así que tíralo al mar,
a veces sueno tan roto que me salgo.

Y los problemas están lejos,
no me gusta hablar de los días viejos del pasado,
me dicen que es distinto, que he cambiado.

¿Y yo qué le voy a hacer?,
quizá sea el mundo el que ha cambiado entero.

Y, cielo, si me pierdo a mí, lo pierdo todo,
el corazón triste y firme como un soldado.

A veces todo es una mierda,
así que antes de irme échame uno más,
tú con camisa y yo sin vergüenza.

Solo si es antes de irme,
es la única del baile,
salvarme, morir,
sumergirme.

Casi sin moverme,
las mismas personas que se fueron
vuelven.

Callar,
despedirse.

EQUILIBRIO

A un lado de la balanza, mi paz;
en el otro lado, el mundo entero.

NO HAY DEUDAS

Desde hace tiempo parece que les deba mucho a muchas personas. Como si hubiera endeudado mi tiempo, mi energía, mis palabras, mi humor.

Parece que deba cumplir con unas expectativas
que alguien firmó sin estar yo delante.

Es una sensación extraña de agotamiento y enfado
con el mundo y con nada a la vez.
Conmigo o contra todo.

Una sensación que termina si yo suelto la cuerda.

A mí me conocen tres.
El resto de las veces era otro,
no yo.

OBEDECER A MI ALMA

A quienes decían que no podría elevarme,
que mi melodía solo era el susurro
de salas vacías.

Que me empapase de quién,
que me mezclase con cuál.

QUIÉN SERÍA HOY
SI HUBIERA DEJADO DE OBEDECER
A MI ALMA.

EL MUNDO EN MIS MANOS

El mundo en mis manos,
y mis manos en los bolsillos.

UN COMBATE

Cada minuto, un combate
conmigo mismo
a muerte
para no llamarte.

Y sobre tu palabra no saben
si me tambaleo o bailo,
yo que creo en ella
más por orgullo
que por fe.

La excusa con el eco más largo del mundo
regodeándose en alfombra roja,
tan roja como esta carne,
tan viva como mi impaciencia.

Oprimir un sentimiento
es matarse con él.
Ya solo me queda una carta,
así que he decidido no dejarme nada dentro.

Sentarme a contemplar este desastre
me parece un plan maravilloso
para hoy.

Siempre hay tiempo para empezar
a hacer las cosas bien.

A VECES MERECE

A veces merece
la pena que duela
sin dejar que medie palabra
el pensamiento.

Y a veces descubres
que tu lugar está fuera
tras cerrar el círculo
por dentro.

EL PROCESO

A veces me paro, respiro y pienso,
como si mi yo futuro hubiera querido todo eso.
«Lo que temía que pasara, ha ocurrido», pienso,
escucho el *delay* de la carcajada en retroceso.

Sin degustar a fondo las cosas que pienso,
metido en cien asuntos y matando lo que siento,
sin olvidar que el agradecimiento es poderoso
y venerando el espacio que merezco.

Cierro los ojos y me acompaño en el descenso,
estoy en el jaleo, en el prejuicio y el exceso,
las pieles que acaricio y los asuntos que atravieso,
todo lo que me rodea es parte del proceso.

BELLEZA Y MIEDO

La belleza me embriaga,
y el miedo, también.

Hablar contigo es ver nevar para siempre,
como si el tiempo se parase o se olvidara.

Olvidarse de quiénes.
Protagonistas sin guiones.

CONTROL SOBRE MI DESCONTROL

Que mi felicidad y mi desgracia
dependan exclusivamente de mí

me da todo el control
sobre mi descontrol.

ILUSORIO

Llegar al final del camino es ilusorio,
vi la meta cuando no la tomé en serio,
olvidado por la cura y el remedio,
refugiado en el alivio de un delirio.

Alérgico a lo decente, lo de siempre,
subir la montaña y ver la siguiente,
bajar la marea o ser la corriente,
volcando mis emociones *al dente*.

Amé hablar entre líneas, odié las medias tintas,
sané mis heridas, dañé a quien me las brinda,
ya saben que no soy como me pintan,
recordadme como a una especie extinta.

NO ENCUENTRO LA SEÑAL

No encuentro la señal;

tal vez yo esté siendo
la de alguien.

ECHAR EL TELÓN

Tengo que ir uno a uno, butaca a butaca,
mandando callar antes de poder
desempeñar la función.

Y es complicado, ya que
a cada evento se ocupa un asiento más,
satisfaciendo esta necia ambición.

Llegará el día en el que, cuando calle la última
y me disponga a empezar,
sea tiempo ya de echar el telón.

Justo anoche recordé
que desde niño detestaba disfrazarme.

Recuerdo o revelación.

PARÁLISIS

Da dos pasos atrás y vuelve a mirar,
en las milésimas de parálisis se pierden batallas.

Hay días que el aire me falta,
días que el cuerpo me sobra
y días en los que me sobráis todos.

Olvidé que a veces hay cosas que no deben decirse,
nunca supe quedarme
entre el estallido y el suspense.

Intenciones corren libres hasta que las piense,
hay quien siembra mierda y, al recoger,
se sorprende.

LA VUELTA A MI CABEZA EN OCHENTA VIDAS

Escribir por el mañana aroma de ayer,
pero jamás para volver.

TAN DENTRO

Llegué a estar tan dentro
que me arranqué de la memoria la manera
de salir de allí.

Como frotando en el recuerdo con lejía y un trapo.
Como huir, pero a la inversa,
el declive inmediato.

Obsesionado con dejar migas de pan,
olvidé el gesto de
voltearse.

Imprudente hasta para los valientes,
relatado igualmente
por los cobardes.

ARTE/OBSESIÓN

Del arte a la obsesión,
de la obsesión al arte.

Por ley.

COMPASIÓN

Escarbar hasta la raíz
a veces nos lleva

del dolor al entendimiento,
y del entendimiento

a la compasión.

ES TU OPORTUNIDAD, ¿VAS A COGERLA?

¿O piensas volver a creerte Dios al malgastarla?
Hay un reloj con doce números a la inversa
zumbándome detrás de la oreja.

Pertenezco al gremio de
«me dejo el alma por mi meta y muevo a contrarreloj»,
muerdo a contrarreloj.

No he visto a muertos que muevan ficha desviviéndose,
pero sí a vivos que no mueven
muriéndose,

sin un chance al que aferrar sus vidas sin puerto,
y un silencio dando la cara por ellos en escena
que suma ceros a su precio, por segundos.

Todos pujan,
pero tú pierdes.
Naces, pierdes y mueres.

NO TIME FOR US

No es del cero al infinito,
es del rojo al violeta,
del teatro a la vida,
del mango a la punta,

del amargo al néctar,
de lo efímero a la impronta,
del caos a la recta,
de tu recuerdo al nunca.

LOS HILOS

Tú moviendo los hilos para quebrarme,
yo moviendo los hilos para que nadie mueva un dedo.
Siempre hubo clases.

La elegancia fue lo mío, pregunta por las calles.
Nunca tuve la maña para venderme,
me acostumbré a que trataran de definirme ahí fuera.

Con el silencio del que supo recoger lo que siembra
y la intuición tan afilada que podría cortarte.

Gano cuando juego, ya lo sabe el jugador,
y aquí no gana el más listo, gana el más rápido.

Descansando fuera de la caja, a medio palmo,

y, si la tierra es redonda,
volveremos a encontrarnos.

CELEBRANDO QUÉ

He vuelto a soñar que era mi cumpleaños.

Rocas bloqueando o señalando la ruta
mientras celebro algo con personas que ya no existen
y me río por cosas que no recuerdo,
dejándome regalar los oídos
en un idioma que tal vez
no existe.

Se siente amargo lo insípido,
y un niño interior llora ausente
a lo lejos.

Una decisión no te cambia la vida,
pero sí el rumbo.

Hay rumbos que inspiran al mundo,
y hay mundos interiores
que no son lo que dicen
ser.

18 DE MAYO, 4:44 AM

(…)
Olvidar una idea
es quemar una montaña.

SOLO HAZLO

Sabes que se está acercando el momento de dar
un salto decisivo, de tomar una decisión importante,

cuando todas esas resistencias, obstáculos y distracciones que
suelen rondarte vienen a ti
y se agolpan a tu alrededor más de la cuenta.

Es un momento decisivo en el que aumentar tu nivel
de conciencia y pasar al siguiente nivel.

Concéntrate y
solo hazlo.

3

DESHIELO

CIENTOS DE VECES

He vuelto a abrir los cajones
como el que se abre una brecha.

Errores que han prescrito y personas que,
si ya no son quienes fueron,
no existen.

Agarraba la manilla y tiraba, arrojando luz,
como quien arroja un cóctel molotov
por el bien de los ausentes.

No logro descifrar el continente,

y los fantasmas me persiguen
como quien persigue un sueño
del que no consigo despertarme.

Hacerlo con miedo es hacerlo
dos veces,
dicen.

Ya lo hicimos,
cientos de veces,
el miedo y yo.

Y las que hagan falta.

ESPEJOS

Tu rostro frente a mi rostro
es poner un espejo frente a otro.

DISFRUTAR LAS VISTAS

Ser coherente contigo mismo requiere un proceso.
Y ser coherente es serlo en todo, en tus acciones, pensamientos, emociones.

Requiere observación propia y tiempo. Te vas a llevar relaciones por delante, te va a costar algunos lazos, soledad, tiempo y algún mal rato.

Es el precio.
El valor de la paz de uno mismo.

Y una vez llegues, descansa.

Tu tiempo ya es tuyo. El silencio es agradable, la soledad es elegida y la compañía, también.

Disfruta las vistas.

RESETEO

Ya sabes cómo soy yo con mi intuición.

Cuando quieras levantar la mirada,
no habrá más que mi solo con hielo
a medio terminar,

y una hilera de mi aroma
marchándose sin despedirse.

Se me dio bien escuchar en silencio,
asentir como sin pretensión
alguna.

No importa en qué ciudad lo hicimos,
no llevo el corazón conmigo.

Toma el tiempo que necesites
y, después,

levántate.

OL' 55

Se marcha a dormir el último y ahí empieza todo. Ilumino un poco la habitación con *Ol' 55* de Tom Waits. Qué violento es el silencio cuando quiere. Estoy pensando en esto. Estoy alineando el polvo de las ruinas de todos los castillos que construimos en el aire con cartabón y una escuadra. Mientras mido mi silencio al milímetro. Es importante.

Enseño mis cartas solo cuando la partida se acaba. Grábate esa frase como si la hubieras parido tú. No tengo nada más que esto. Miro dentro de mí y veo un
uno entero, y eso es lo mejor de todo.

La madrugada, la música y las ocasiones,
sobre todo las ocasiones,

están en todas partes.

ETAPAS

Todo son etapas.

Las buenas no son para siempre
y las malas tampoco.

¿CUÁNDO LLEGAMOS?

Del pensamiento al hecho
y viceversa,
una espiral,
¿cuándo llegamos?

No oigo nada,
reconozco el sitio,
creo que estuve,
¿cuándo llegamos?

Siempre a tiempo,
punto y raya,
como en morse,
¿cuándo llegamos?

Ya olvidaste
que las flores
se nos mueren
cuando llegamos.

AMOR REAL

Amor real
ni oprime
ni juzga.

ESPERAR HASTA MAÑANA

Escribo las joyas antes de que se me caigan. Y hay un puñado de cosas que estoy intentando ser. Y al otro lado un puñado de cosas que no sería capaz de soltar.

A veces tan impostor y otras tan borracho de ego.
Soy lo que hay en el medio.

Y ya conozco el proceso, el ritual.
El camino de ida y el de vuelta también.
«Para hacerlo tengo que ser yo».

Sé bastante de muy poco, pero sé que, si mañana muero, todo lo que dejé aquí fue auténtico. Me encantaría escribir un tema por semana, pero Dios sabe que no sería igual. Amaría tener doscientas colaboraciones, pero amo también lo sagrado del espacio de un *track* de tres minutos en el que casi siempre me encuentro solo, tranquilo, conmigo.

Me gusta que todo el mundo sepa si algo tiene alma o no, y que a su vez nadie sepa explicar por qué.
Somos eso.
Y me encantaría ser muchas cosas, pero aún me quedan horas en el día para apreciar las que sí soy. Soy demasiado real, cabrón.

Y en un mundo cambiante eso ya no lo cambia nadie.

Desaprender para hacer sitio a lo nuevo. Algunos reajustes requieren espacio y ya aprendí a no juzgarme por ello.

El silencio es oxígeno.
Y concedérselo es un regalo.

Soltar resistencia para que las cosas pasen,
desaprender todo, empezar de cero.

No sé.

NO LO SABES

No lo sabes, pero estás sanando.

GRATITUD

Agradece dónde estás y a dónde llegaste,
agradece a los que están y a los que llegan,
a los que están contigo.
Agradece a los que se fueron también.

Caerse está bien,
cambiar de dirección está bien,
pararse un rato está bien,
y hacerlo para tomar conciencia es necesario.

Dar las gracias es una energía muy poderosa.

HACE YA TANTO

Si el tiempo que he gastado mirando atrás
lo hubiera empleado en seguir andando,

me habríais perdido la pista hace ya tanto.

LUZ ARROJADA

Como luz arrojada en la noche oscura del alma.
Bregaba con los demonios y tú mirabas,
acompañando en silencio,
venerando el proceso.

Salir de la crisálida es romper con todo. Y tal vez sea hemorragia, pero no de placer. Lazos establecidos, rasgos aprendidos, creencias limitantes: por los aires todo. Yo incluido. Todo menos sus pies. Tan en tierra y tan dispuestos a ~~bajarme~~ salvarme. Cómo callar las voces sin entrar en guerra cuando estas vienen de fuera. Tuve que romper con todo y todos. Cada uno paga sus platos. Si yo no miro los tuyos, no existen. Cambiar hace ruido. Ganar hace silencio. Les pitan los oídos. Los míos pitan también. Vence el que sabe cuándo dejar de apretar. Si escribo esto es que hay rabia. Si lees esto, acrofobia. El tiempo habla. Le presto atención. Te puso en tu sitio. Me pongo en el mío. Me deslizo en el mío. Caigo en el mío. Siempre en lo mío.

La inercia también tiene sus leyes.

HOGAR

Hay lugares que recuerdan a personas,

y hay personas que son
hogar.

SALTO CUÁNTICO

Entre tú y yo, cien barreras,
pero podemos romperlas todas.
Cuántas puse yo
y cuántas se pusieron solas.

Ruido mental
que realmente de nada importa ahora,
como el indicio que
se sobreanaliza o se ignora.

Anidado en el medio, derramado en la grieta,
colgar del haz de luz,
la gente como tú te encuentra.

Difícil descifrarte cuando aquí la vida aprieta,
tal vez cuando seamos polvo
y la verdad se sepa.

Cruzando silencios o cruzando el Atlántico,
como si el término medio no fuera válido.

Llegar a ti tocando el cielo desde el ático.

Como un salto de fe;
un salto cuántico.

INSTRUCCIONES

El tiempo pasa por nuestras vidas
como pasos

de un libro de instrucciones.

RECORDAR

A nadie que no hizo marca en mí voy a recordar,
nadie a quien no dejé marca va a recordarme.

Dos maneras de convivir con los viejos días
y dos maneras de esperar a la muerte;
decido yo.

Mientras bregue con esta obsesión,
o hasta que tenga que irme,
iré dejando por aquí este
maravilloso
surco.

Como el que pretende el mundo en mí,
como el que tú sí trazas
con el dedo.

ESTÁS CAYENDO OTRA VEZ

Estás cayendo otra vez. Pero siempre hay una nueva canción, un libro nuevo que leer, una persona, un lugar nuevo en el que estar.

Siempre vuelve a amanecer mañana.

ME PREGUNTABA

Qué pasaría si la presión, las expectativas en uno mismo, los números, el sistema, la industria, la expectativa ajena, las opiniones, las redes sociales, la constancia, la exposición, todo ese largo y ruidoso etcétera...

Qué pasaría si un día pesara lo suficiente como para corromper mi inspiración, mi creatividad, y matar por completo la felicidad que siento en lo que hago

hasta el punto en el que decidiera mandarlo todo al carajo, me borrase de todos lados y desapareciese.

¿Sabes qué pasaría?
Que estaría en paz.
Y, después,
¿sabes qué pasaría?

Me pondría a hacer música.
Y ahí está el sentido de todo.

MI PERCEPCIÓN

Mi percepción de las cosas lo jode o lo consigue todo.
Le estoy dando a ese poder el valor que merece.

VENERANDO LAS MIGAS

Cada cierto tiempo dedico una noche entera
a abrazar a quien fui,
venerando las migas que dejé a medio camino.

Las visito como a las flores del cementerio.

BENEFICIOS DE TOCAR FONDO

Cuáles son los beneficios de tocar fondo.

Tocar fondo es, de alguna manera, dar por concluida la caída. Una caída que podemos llevar sufriendo meses, días, o años…

Pero ¿qué supone tocar fondo?

En primer lugar, la caída.
No somos conscientes, y menos en ese momento, de la cantidad de energía que gastamos tratando de frenar esa caída. Energía que gastamos en resistencia.

A continuación, tocar fondo.
Aquí ocurre la transformación. Es un punto de rendición y de liberación. Hay una cura de humildad implícita. Es una etapa de descanso, la resistencia termina y se abre paso a la aceptación. Una especie de renacimiento, una oportunidad para desaprender lo viejo y respirar aire nuevo.

Y, finalmente, la recuperación y resurgimiento.
En este punto, toda esa energía que gastamos en resistencia la empezamos a utilizar para crear un camino nuevo. Una nueva dirección.

Es una etapa de reconstrucción y reinicio.

Si estás viendo el tocar fondo como un final, tal vez te encuentres aún en la primera fase.

Siempre es el preludio de lo siguiente.
Como despojarse de piel vieja y empezar de cero.

Los problemas son oportunidades.

VELO

La realidad es un velo,
lo levanto sin miedo,
viejas creencias a un lado,
estoy pasando el duelo.

Ayer fue un vaso lleno,
hoy cristal en el suelo,
ayer fui prisionero,
hoy una luz en el cielo.

MARAVILLOSAMENTE SOLO

Lo mío siempre fue lanzar un beso y darme la vuelta.
Me sentía maravillosamente solo.

MIENTRAS TANTO

Soy la vida que elegí vivir.

Todo se torna a mi alrededor,
moviéndose al compás de mis decisiones.

Todo lo que está viniendo, lo que se está yendo…
todo sucediéndose al ritmo que yo marco.

El día que empiece a irme mal
siguiendo las señales,
dejaré de hacerlo.

Mientras tanto…

JOYAS, ÍDOLOS, MITOS

Se me caen las joyas, los ídolos, los mitos,
se derrite el mundo sobre mis pies quietos,
toneladas siendo levedad mientras dormito
en el medio de una guerra en campo abierto.

Días que aún no he vivido pero ya he escrito,
noches buscando ser libre, como un secreto,
sonaba ahogado el instinto, el motor, el grito,
como a casilla de inicio. A cero por ciento.

UN INSULSO VEHÍCULO

El alma y la intención viajan a través
de la manera de decir las cosas.

Las palabras no son más que
el insulso
vehículo.

Me desplazo.

Hoy he vuelto a recordar que estarme quieto
no me queda mal,
y que hay despedidas tibias que resuenan
con el tiempo.

Que trascender debe de ser algo así
como seguir viviendo.

Y que siempre fue mentira esta carrera de fondo.

Y LISTO

Mirar voluntariamente hacia el abismo,
perder las batallas contra uno mismo.

Pasé la mierda de mi vida a limpio
y la volqué en un disco.

No quise saber nada,
carretera, manta
y listo.

TODO LLEGA

Pocas cosas me desbordan más que,
o mejor dicho,
pocas cosas me desbordan
a secas, la emoción
como este sentimiento de plenitud.

El regalarles por primera vez a mis ojos,
al resto de sentidos,
algo que vivió durante mucho tiempo ya
en mi pensamiento.

Repitiéndome ese «todo llega»,
la ley de la atracción,
la farsa que sustenta una única verdad,
y la fe ciega.

No necesito tratar de explicarme
para que ellos me entiendan.
Ese espasmo en los sentidos ya es el mensaje.

AMOR ES

Escribiría una canción triste por cada madrugón
de lunes,
y escribiría poesía en su costado con la lengua,
y las mejores citas en su cintura.

Hoy necesito caer muerto sobre ella,
me tiene sumergido,
vuelvo a ese estado.

Cientos de días desde la última vez
que escribí sobre amor.

Amar es ponerse el mejor traje de gala
para mancharlo,

a veces sí puedo explicarlo.

ABSOLUTAMENTE TODO VALIÓ LA PENA

Me convencí de que no hay negro sin vacío blanco,
de que una época oscura tan solo me entrena para lo siguiente
y de que en los momentos más oscuros
llegan las personas que verdaderamente son luz.

Como esperando a que estuviera listo.

No puedo caminar recordando fantasmas,
ni ver mis pies caminar mirando hacia arriba.
Así que me deslizo.

Siempre hay una luz encendida ahí fuera.

Y ventanas que dejan volar
mi imaginación,
en las que al otro lado siempre se sostiene alguien mirándome.

Brindé con todos estos cuervos la revelación
de que la presión que se ejercía sobre mí
reservaba siempre a mi propia cabeza la autoría.

Y entre risas me prometía otra vez
que no dejaría jamás un cabo suelto.

Ni una oportunidad que naciera para ser mía.

+

Y qué ligera la vida si se comparte con quien te suma.

BUM

Cuando no miras hacia aquí
el tiempo ~~corre~~
tan despacio,
sin origen ni destino,
concentrado en hacerlo así,
des
pa
cio.

Los latidos me golpean como desde
tan lejos
que para escucharlos
debería prestar el doble de atención,
en el caso de que me interesara
hacerlo.

Y golpean como esbozando un grito,
un ápice de auxilio camuflado en
un desaire precioso.

Desde lo más hondo,
hasta llegar a mis
extremidades
congeladas.

—Yo ya sé
que si miras hacia aquí
todo se calibra—.

Y, mientras tanto,
respiramos en diferentes mundos,
ocupamos desemejantes espacios,
hablamos idiomas cruzados,
caminamos a la misma velocidad
en diferentes tiempos.

Amamos bajo el mismo error
a diferentes personas,
envejecemos con motivos
tan dispares

que sería capaz de tragarme el orgullo,
de doblarme hasta dejar de temer
romperme,
de subir la voz,
de bajar la guardia,
de dejar semiresuelto el mundo,
a falta de un movimiento.

Solo tienes que mirarme
para que
bum.

ACABÉ CON TODO

Conduzco en silencio, por última vez.
La nieve cae, estoy reduciendo el paso,
y no por cauto.

El sol brilla, difuso,
y la radio habla, pero no la escucho,
como *pads* en *hall reverb*,
revelando el final de un viaje que hice
durante largo tiempo

en círculos.

Es hora de volver a casa
por primera vez.

El calor del coche me abraza y
no hay *glamour* en esta despedida,
solo éxtasis.

Yo que solo sabía escribir sobre dolor,
y lo hice,
yo que, desconociendo lo que significa amar,
lo amé todo.

Entro en mi hogar, el motor calla,
giro la manilla con mis manos
frías.

Hay flores blancas en el felpudo,
y un cartel en mi puerta que dice
«Abierto
a nuevas posibilidades».

Hoy me permito descansar
por un maldito
instante.

Acabé.

Con todo.

*

Si has llegado hasta aquí, has transitado conmigo a través de la escarcha, la bruma y el deshielo, y tal vez te estés preguntando el origen del título.

Mis manos frías comenzaron siendo un termómetro. Un indicador. Cada vez que me encuentro en el ojo de la tormenta, en el centro del caos o en el absoluto silencio, mis manos se enfrían. Ahí, sencillamente sé lo que tengo que hacer y dejo a un lado el pensamiento.
Lo que tiene que ser, es.

Con el tiempo, las manos frías pasaron a ser un símbolo de algo superior. No somos dueños de nuestras musas, sino meros traductores temporales de un mensaje universal. Estas manos, frías, son mucho más que un estado físico; son un vehículo, un canal para algo mucho más vasto. Han sido mis antenas, sintonizadas a una frecuencia tanto universal como íntimamente personal.

No decidí estos ritmos, y, de alguna manera, tampoco elegí estas palabras. Al igual que la escarcha precede a la bruma y la bruma al deshielo, el arte y la naturaleza siguen un ritmo cósmico, una secuencia que no controlamos pero a la que ciertamente respondemos.

Escarcha no es solo una capa de hielo, es también un reflejo del frío emocional. Del aislamiento y del anhelo. Es un periodo que refleja las limitaciones que se autoimpone el alma, donde lo interno y lo externo se encuentran en un punto de congelación.

Bruma es la exploración y la incertidumbre, pero también la promesa de algo más. La neblina no permite ver con claridad. Nos muestra la belleza de lo indefinido. Difumina las aristas del mundo.

Y, finalmente, el *Deshielo*. Una fase tan inevitable como necesaria. Es el estado de cambio, de transformación y de un nuevo comienzo. Si la escarcha y la bruma son preguntas, el deshielo es la respuesta. No el final, sino más bien una transición a una nueva etapa de preguntas. A un nuevo punto de partida.

Lo que quiero que entiendas es que cada una de mis vivencias aquí escritas han seguido este proceso. Y lo que empezó, hace muchos años, como una peculiaridad física —mis manos frías cuando sentía el ímpetu creativo— se ha convertido en el hilo conductor de un proceso espiritual y emocional que me ha ido acompañando, cada vez con más fuerza, hasta hoy.

En este libro te he mostrado un fragmento del universo tal y como yo lo percibo.

Ahora estos pensamientos y emociones son tuyos. Descífralos como desees. Al final del día, todos somos intérpretes del cosmos.

Eso sí, durante el camino, cuídate el alma,
no se te vaya a olvidar quién eres.

1____ESCARCHA

Atado a 16

Breathe 18

100 20

Vida y cuaderno 21

Cobarde 22

Saldo cero 24

Hora de cierre 25

~ 27

Mismo lenguaje 28

A un desconocido 29

1:07 AM 30

☾ 33

Pellizcarme 34

De viaje .txt 36

Otra vez estoy de viaje .mp3 38

La línea fina 40

Presos del éxito 41

Déficit 42

«In ma chest» 45

⟷ 46

Vértigo 47

Vuelvo a la calle 48

Dormir 49

Los buenos y los malos 50

Del verbo *olvidar* 53

Casi todas las cosas importantes 54

Tras la puerta 55

Nunca es el momento conmigo 56

Crisálida 59

Dejar salir antes de entrar 60

Quieto 61

Solo así 62

2____BRUMA

Nadie por aquí 66

Aceptar el caos 67

Como haciendo que merezca 68

→ 69

Buscaste una señal 70

Lying 71

Miro atrás 72

Envejeciendo 73

Irónico 75

Sumergirme 76

Equilibrio 78

No hay deudas 79

Obedecer a mi alma 80

El mundo en mis manos 81

Un combate 82

↻ 84

A veces merece 85

El proceso 86

Belleza y miedo 87

Control sobre mi descontrol 88

Ilusorio 89

No encuentro la señal 90

Echar el telón 91

Parálisis 92

La vuelta a mi cabeza en ochenta vidas 93

Tan dentro 94

Arte/obsesión 95

Compasión 96

Es tu oportunidad, ¿vas a cogerla? 97

No time for us 98

Los hilos 99

Celebrando qué 100

18 de mayo, 4:44 AM 101

Solo hazlo 103

3____DESHIELO

Cientos de veces 106

Espejos 107

Disfrutar las vistas 108

Reseteo 109

⬆ 110

Ol' 55 111

Etapas 112

¿Cuándo llegamos? 113

Amor real 115

Esperar hasta mañana 116

No lo sabes 119

Gratitud 120

Hace ya tanto 121

Luz arrojada 122

Hogar 123

Salto cuántico 124

Instrucciones 126

Recordar 127

Estás cayendo otra vez 128

Me preguntaba 129

Mi percepción 130

Venerando las migas 131

Beneficios de tocar fondo 132

Velo 134

Maravillosamente solo 135

Mientras tanto 136

Joyas, ídolos, mitos 137

Un insulso vehículo 138

Y listo 139

Todo llega 140

Amor es 141

Absolutamente todo valió la pena 142

+ 145

Bum 146

Acabé con todo 148

POR CIERTO,
TE HE DEJADO UN MENSAJE
Y UN DETALLE EXCLUSIVO
AL FINAL DE ESTE VIAJE.

POR HABER LLEGADO HASTA AQUÍ.

Encuéntralos
a través de este QR
(o visitando www.zetazen.es/manosfrias).